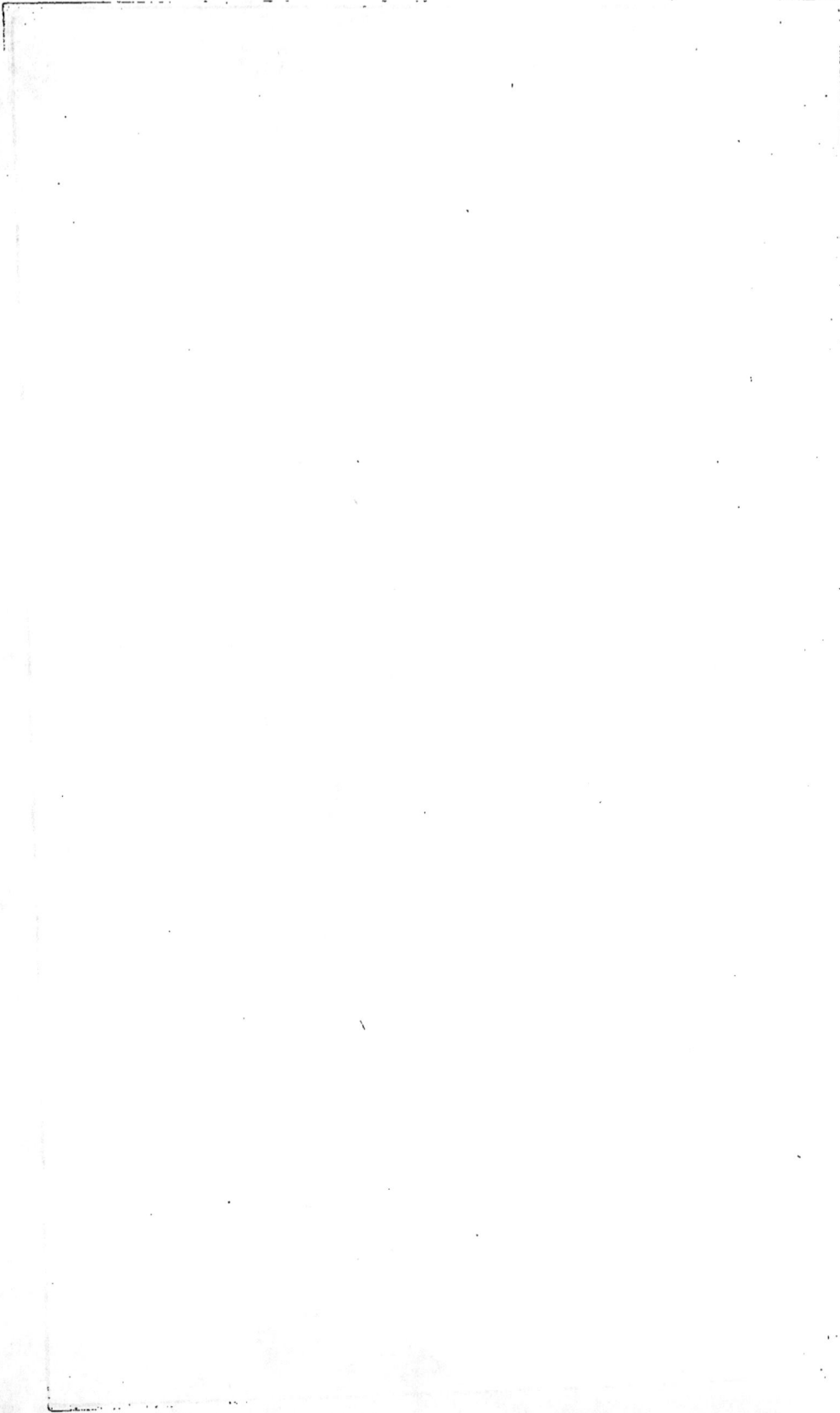

BARREAU DE POITIERS

ÉLOGE

DU

CHANCELIER D'AGUESSEAU

DISCOURS

PRONONCÉ

A LA SÉANCE SOLENNELLE DE RENTRÉE DES CONFÉRENCES
DES AVOCATS STAGIAIRES

Le 12 janvier 1884

PAR

Henry TAUDIÈRE

Avocat à la Cour d'appel

POITIERS

IMPRIMERIE TOLMER ET Cie

RUE DE LA PRÉFECTURE

1884

ÉLOGE

DU

CHANCELIER D'AGUESSEAU

DISCOURS

PRONONCÉ

A LA SÉANCE SOLENNELLE DE RENTRÉE DES CONFÉRENCES
DES AVOCATS STAGIAIRES

Le 12 janvier 1884

PAR

Henry TAUDIÈRE

Avocat à la Cour d'appel

POITIERS

IMPRIMERIE TOLMER ET Cᴵᴱ

RUE DE LA PRÉFECTURE

—

1884

IMPRIMÉ AUX FRAIS DE L'ORDRE, PAR DÉCISION DU CONSEIL

Le samedi 12 janvier 1884, à deux heures, l'Ordre des avocats à la Cour d'appel de Poitiers s'est réuni en robes, dans la salle d'audience de la première chambre de la Cour, pour l'ouverture de la Conférence des avocats stagiaires.

Étaient présents : M. Alfred Orillard, bâtonnier, présidant l'assemblée; MM. Levieil de la Marsonnière, officier de la Légion-d'Honneur, doyen de l'Ordre, ancien bâtonnier, membre du Conseil; Ducrocq, chevalier de la Légion-d'Honneur, ancien bâtonnier; MM. Parenteau-Dubeugnon, secrétaire; Faure, Normand, Druet, Pichot et Séchet, membres du Conseil; MM. de Céris, Daubin, Taudière et Graffin, avocats inscrits au tableau.

La barre était occupée par MM. les avocats stagiaires.

M. le Bâtonnier a annoncé la reprise des travaux de la conférence et donné la parole à M. Daubin qui a lu une étude ayant pour titre : *Des Lois sur la protection de l'enfance.*

M. Taudière a ensuite prononcé l'*Éloge de d'Aguesseau.*

M. le Bâtonnier a réglé le service de la Conférence pour les séances ultérieures fixées, suivant l'usage, au samedi de chaque semaine, à deux heures précises, et il a déclaré la séance levée.

Rentré dans la chambre de ses délibérations, le Conseil, composé comme il est dit ci-dessus, a décidé que les deux discours de **MM.** Daubin et Taudière seraient imprimés aux frais de l'Ordre.

Poitiers, les jour, mois et an que dessus.

ÉLOGE

DU

CHANCELIER D'AGUESSEAU

Monsieur le Batonnier,

Messieurs,

On ne doit pas d'égards aux morts, a dit Voltaire, on ne leur doit que la vérité. Le chancelier d'Aguesseau n'a pas à souffrir d'une telle liberté de critique. Parmi tous les grands hommes qui ont illustré le Palais, sa figure se distingue, à la fois imposante et aimable, expression la plus brillante et la plus pure de l'éloquence judiciaire au xviie siècle. Orateur, législateur, ses qualités excitent l'admiration ; magistrat, homme privé, sa conduite et sa vie commandent le respect et l'estime ; toujours et partout il est chrétien fidèle, serviteur dévoué de la France et du roi. Dans sa longue carrière, toute faite de vertu et d'honneur, on peut relever des erreurs, il n'y a pas de faute à condamner. On ne peut que gagner à connaître un tel homme, on doit l'aimer dès qu'on l'a connu.

Noble tâche, Messieurs, que celle de vous faire l'éloge de ce grand Français, mais il y faudrait une autre parole que la mienne. Je dois à votre bienveillance l'honneur immérité de l'entreprendre. Confiant en votre indulgence, j'essaierai de justifier votre choix, heureux si mon insuffisance ne diminue pas dans vos esprits la sympathie que mérite ce modèle.

Henri-François d'Aguesseau naquit à Limoges, le 27 novembre 1668. Son père, digne rejeton d'une famille déjà illustre dans la magistrature, était intendant du Limousin. Ce fut le seul maître du chancelier futur, et il ne négligea rien pour développer chez son fils les facultés heureuses dont la Providence l'avait comblé. Il lui inspire l'amour de la vertu et de la science, le prépare par une éducation grave et laborieuse aux grandes destinées qui lui sont réservées et le forme par l'exemple à cette humilité du cœur, à cette modestie de vie, à cette aménité dans les rapports sociaux, à cette foi profonde, qui feront un jour sa gloire.

Au milieu des soucis les plus divers et les plus graves, il dirige ses études, et souvent la berline de voyage se transforme en une sorte de classe : d'Aguesseau lui-même nous l'apprend. « Après la prière des voyageurs, par laquelle ma mère commençait toujours sa marche, nous expliquions les auteurs grecs ou latins qui étaient l'objet actuel de nos études. Mon père se plaisait à nous

faire bien pénétrer le sens des passages les plus difficiles, et ses réflexions nous étaient plus utiles que
cette lecture même. »

L'élève, avançant en âge, étend sa sphère d'application : il étudie successivement les sciences, les belles-
lettres, la philosophie; la poésie lui inspire même un
goût très vif, qu'il se reprochera plus tard comme une
débauche d'esprit. Son père modère ce penchant sans le
contrarier : à son sens, on ne peut bien écrire en prose
si l'on est insensible aux charmes des beaux vers. Les
langues étrangères ne sont pas davantage négligées :
il parle l'anglais, le portugais, l'espagnol, l'italien,
le grec et le latin. Le changement de travail suffit à
reposer son esprit, tandis qu'une mémoire prodi-
gieuse lui permet d'amasser ce trésor surabondant
de connaissances où il puisera plus tard à pleines
mains. Des entretiens fréquents avec des hommes tels
que Boileau, Racine, Domat et tant d'autres, forti-
fièrent d'ailleurs ces dispositions laborieuses.

La sollicitude paternelle fut doublement récom-
pensée. D'Aguesseau voua à son premier maître une
reconnaissance et un respect filial sans bornes, et, pro-
fitant de ses leçons, lui donna la joie de voir son élève
atteindre plus haut que lui.

Mais ces études variées et profondes n'étaient qu'un
acheminement à une science plus difficile encore, celle
du droit. La première impression de d'Aguesseau fut
la répulsion, le découragement. Dans les règles souvent contradictoires des coutumes, du droit romain et

du droit canonique, il ne voyait qu'obscurité et antagonisme; sa jeune intelligence avait peine à démêler les
vrais principes. Grâce à une volonté tenace, grâce aussi
à la direction éclairée de Domat, le futur chancelier
triompha de cette répugnance première, et bientôt les
plus difficiles problèmes de la législation et de la juris-
prudence lui devinrent familiers.

Le 20 août 1690, il était avocat du roi au Châtelet;
mais ce noviciat dans la juridiction ordinaire devait
peu durer. Six mois plus tard, une troisième charge
d'avocat général fut créée au Parlement de Paris. Son
père la demanda pour lui, il l'obtint. « Je le connais
trop, dit le roi, pour le croire capable de me tromper,
même sur son propre fils. » La confiance royale ne fut
point déçue. D'Aguesseau justifia amplement les espérances paternelles.

Il était bien jeune cependant. Cet avocat général de
vingt-deux ans serait-il capable d'apporter la lumière
dans les procès pendants au Parlement? Pour qui ne
connaissait pas d'Aguesseau, la réponse était douteuse.
Mais il parle, et toutes les préventions tombent, l'en-
thousiasme et l'admiration sont unanimes. Son collègue
Lamoignon lui prédit son élévation à la chancellerie, et
le président Denis Talon s'écrie : « Je voudrais finir
comme ce jeune homme a commencé. »

Ce n'est pas qu'à ces chefs-d'œuvre de clarté, d'éru-
dition et de dialectique nous ne puissions faire aucun
reproche. On y sent trop peut-être cette lime savante,
qui, suivant leur auteur, donnait tant de force au dis-

cours. La critique moderne voudrait plus de vivacité
dans la pensée et dans la forme, plus d'imprévu, de
mordant, d'action, moins de citations et plus de rapidité dans le raisonnement.

Mais ces défauts sont ceux de l'époque. Le style,
au xviie siècle, est uniforme dans sa perfection et sa
majesté, parfois jusqu'à la monotonie. D'ailleurs, que de
qualités compensent ces légères taches! D'Aguesseau
est un véritable orateur ; de nos jours encore on éprouve
un réel plaisir à le lire. On trouve en lui, suivant le
mot de Sainte-Beuve, « ce je ne sais quoi, non seulement
de doux et de paisible, mais de prévenant et d'humain,
de discrètement aimable et de lentement persuasif qui
monte et s'exhale d'une âme pure, et qui, pénétrant
l'ensemble du discours, gagne insensiblement jusqu'aux
autres âmes... alors l'agrément se fait sentir, un agrément honnête et sûr et salubre. »

La raison de notre avocat général ne fut point émue
par ce concert d'éloges ; sa vie resta laborieuse et modeste. Chaque affaire était pour lui l'occasion d'un
travail opiniâtre, comme aussi d'un nouveau succès ; et
si ses fonctions lui laissaient quelques rares loisirs, il
les consacrait à sa famille, à son père dont, plus que
jamais, les conseils lui semblaient précieux et néces-
saires. Seul entre tous, il ne voyait pas que cet ensemble de vertus et de talents l'appelait à une situation plus haute, et quand, le 24 novembre 1700, il
fut nommé procureur général, cette élévation l'effraya.

Il fallait en effet renoncer à la parole publique, embrasser une fonction nouvelle aux limites mal définies, faire preuve d'aptitudes toutes spéciales. Là encore d'Aguesseau sut se faire apprécier et admirer de tous. Les prérogatives de la couronne trouvèrent en lui un défenseur éloquent. Les officiers inférieurs de justice furent l'objet d'une surveillance douce mais ferme. Chargé de pourvoir à l'approvisionnement public, il parvint, à force de fatigues, à triompher d'une cruelle disette. « Reposez-vous, lui disaient ses amis inquiets pour sa santé. — Le puis-je, répondit-il, quand je sais qu'il y a tant d'hommes à souffrir? »

Malgré ces qualités d'administrateur, d'Aguesseau pensa perdre sa charge. Le pape avait condamné le jansénisme par la bulle *Unigenitus*. Le Parlement se refusait à enregistrer cette constitution, et le procureur général jugeait cette résistance légitime : il s'y associa, malgré l'ordre contraire du roi. « Que l'édit soit enregistré, avait dit Louis XIV, et que cela se fasse vite. » D'Aguesseau ne crut pas devoir obéir. C'était appeler l'orage sur sa tête : M. le procureur général est un séditieux, disait-on déjà à la Cour. Mais il était disposé à soutenir jusqu'au bout cette lutte inégale. Sa conscience lui dictait sa conduite, et sa famille l'encourageait : « Allez, Monsieur, lui dit sa femme à son départ pour Versailles, oubliez devant le roi femme et enfants; j'aime mieux vous voir conduire avec honneur à la Bastille que de vous voir revenir ici déshonoré. » Il resta donc inébranlable, et seule la mort de Louis XIV le sauva de la disgrâce.

Inclinons-nous, Messieurs, devant ce courage et ce désintéressement. Sans doute le Parlement et, avec lui, d'Aguesseau se trompaient sur l'étendue de leurs droits, mais qu'importe! Ceux-là sont trop rares qui, sourds aux promesses et aux menaces du Pouvoir, lui refusent le sacrifice de leur conscience, et, serviteurs fidèles de la Justice, préfèrent aux faveurs de la Fortune l'estime des honnêtes cœurs.

Au début du nouveau règne, notre héros, délivré de ses inquiétudes et honoré de l'amitié du régent, put reprendre le cours ordinaire de ses travaux. Seule la mort de son père, épreuve cruelle pour son amour filial, l'en put détourner quelques jours. Mais il se devait à la France, et le soin de nos finances épuisées absorbait toute son activité. Une dignité nouvelle allait d'ailleurs récompenser son zèle. Le 1er février 1717, il entendait la messe à Saint-André-des-Arts sa paroisse, quand il reçut du régent l'ordre de se rendre immédiatement au Palais-Royal : il obéit. « Vous vous étonnez sans doute de mon empressement, lui dit le prince , il ne s'agit que d'une petite clef. » C'était la clef de la cassette des sceaux. Le chancelier Voysin était mort dans la nuit. Son successeur était investi, jeune encore, de cette haute fonction; il en devait connaître les grandeurs et les amertumes.

Avant de l'envisager sous ce nouvel aspect, jetons un coup d'œil, hélas trop rapide, sur les enseignements tombés de ses lèvres durant la première partie de sa carrière. Si l'éloignement des temps et le changement

de législation émoussent pour nos esprits l'intérêt de
ses plaidoyers et de ses mémoires judiciaires, il en est
tout autrement de ses mercuriales et de ses discours de
rentrée au Parlement. Il y formule en un style admi-
rable des préceptes inspirés par la justice même, des
règles de conduite dignes d'être rappelées à toute
époque. Il nous y montre le magistrat et l'avocat tels
que son cœur les a rêvés.

La dignité des magistrats est grande : « Juges de la
terre, leur dit-il, vous êtes des dieux et les enfants du
Très-Haut » (1) ; mais qu'elle est redoutable ! Déposi-
taires des intérêts publics, dispensateurs de la Justice,
si par elle ils ont toute-puissance, ils ne peuvent rien
par eux-mêmes. Seuls, la vertu et le travail les ren-
dront dignes d'être sur terre ses représentants.

Tout, dans le magistrat, doit être consacré à la gloire
de la Justice : l'homme, le citoyen, le père de famille ; il
doit lui sacrifier sa personne et sa vie. Il doit revêtir une
gravité, une austérité d'attitude et de mœurs qui le suive
en dehors même du prétoire et le fasse reconnaître de
suite à l'œil le moins expérimenté. Malheur à lui si,
l'ambition se glissant en son âme, il demande aux
hommes ce qu'il ne doit attendre que de son propre
mérite. « Il est à craindre que des yeux toujours ouverts
à la Fortune ne se ferment parfois à la Justice » (2) ; le
mépris de tous serait le juste châtiment de ce calcul

(1) 6° mercuriale.
(2) 1ʳᵉ mercuriale.

honteux. Son amour ardent pour la vérité le doit
mettre au-dessus des passions, au-dessus même de l'a-
mitié. Pour le vrai magistrat, il n'est pas d'acception de
personnes ; il n'a plus d'amis, plus de famille, et il doit
dire aux siens : Je ne vous connais pas, je ne suis point
à vous, je suis la Justice.

L'étude et la retraite l'ont ainsi préparé à aborder
son véritable ministère. Il a acquis la science, il est pé-
nétré d'humilité et de désintéressement, désormais il
peut juger. Il apportera dans tous les devoirs de sa charge
une application soutenue, une scrupuleuse exactitude.
Doux et affable pour les plaideurs, c'est une joie pour lui
de diminuer, fût-ce au prix de son temps, les lenteurs de
la procédure et de satisfaire promptement une juste
demande. Fermant l'oreille aux insinuations malsaines
de l'imagination, inaccessible à toute prévention, sacri-
fiant, s'il le faut, son crédit au bon droit, il cherche la
vérité avec passion ; et, se mettant en garde contre les
charmes d'une parole captieuse, il démêle sous le brillant de la forme la faiblesse de la pensée.

Que d'efforts, Messieurs, que de travail ne faut-il
pas pour atteindre cet idéal ; mais aussi quelle récompense ! Le véritable magistrat la trouve en lui-même,
dans sa conscience. En se soumettant au joug austère
de la Justice, il a brisé bien des chaînes ; « d'autant plus
libre qu'il est plus esclave de la loi, il peut toujours
tout ce qu'il veut, parce qu'il ne veut jamais que ce qu'il
doit » (1). Peut-être les hommes apprécieront-ils mal

(1) 1re mercuriale.

sa vertu ; peut-être sa dignité lui sera-t-elle ravie ! Il souffrira sans doute, mais « il est une autre dignité qui survit à la première, qui, loin d'être attachée au char de la Fortune, triomphe de la Fortune même. Plus respectable souvent dans les temps de disgrâce que dans les jours de prospérité, elle consacre la mauvaise fortune, elle sort plus lumineuse du sein de l'obscurité dans laquelle on s'efforce de l'ensevelir » (1).

Auxiliaire du magistrat dans le service de la Justice, l'avocat a un noble rôle à remplir. D'Aguesseau fait du Barreau un magnifique éloge :

« Dans l'assujettissement presque général de toutes les conditions, un ordre aussi ancien que la Magistrature, aussi noble que la vertu, aussi nécessaire que la Justice, se distingue par un caractère qui lui est propre, et, seul entre tous les états, se maintient toujours dans l'heureuse et paisible possession de son indépendance. »

« Libre sans être inutile à sa patrie, il se consacre au public sans en être l'esclave, et, condamnant l'indifférence d'un philosophe qui cherche l'indépendance dans l'oisiveté, il plaint le malheur de ceux qui entrent dans les fonctions publiques par la perte de leur liberté. »

« Soyez heureux d'être dans un état où faire son devoir et sa fortune ne sont qu'une même chose, où le mérite et la gloire sont inséparables, où l'homme, unique auteur de son élévation, tient tous les autres

(1) 14ᵉ mercuriale.

hommes dans la dépendance de ses lumières et les force de rendre hommage à la seule supériorité de son génie » (1).

Pour d'Aguesseau, selon l'expression de Domat, les avocats doivent être les parties dépouillées de leurs passions ; il exige d'eux, comme du magistrat, travail et vertu.

Travail, car la plaidoirie demande une connaissance approfondie de l'homme et de la loi : « *Sine philosophia, non posse effici eloquentem,* » a dit l'orateur romain (2). Pour convaincre, il faut être soi-même convaincu ; pour rendre la vérité claire aux yeux des autres, il faut l'avoir faite éblouissante à ses propres yeux. — Travail encore au point de vue de la forme. « L'imagination gouverne le monde, » disait Napoléon I à Sainte-Hélène, l'éloquence gouverne l'imagination. L'avocat doit plaire à son juge : cachant sous les séductions de sa parole la logique rigoureuse du raisonnement, il conduit l'esprit sans effort à la découverte du vrai, puis se retire à temps pour lui laisser le plaisir de trouver à lui seul la solution présentée. Par un heureux artifice de langage, le client apparaît, non toujours tel qu'il est, mais tel qu'il devrait être. L'avocat use ainsi de l'adresse de ces peintres « qui savent prêter des grâces à ce que la nature a de plus affreux, et qui, diminuant les défauts sans toucher à la ressemblance, donnent

---

(1) 1er discours, *L'Indépendance de l'avocat.*
(2) Cicéron, *Orator,* IV.

aux personnes les plus difformes la joie de se reconnaître et de se plaire dans leurs portraits » (1).

Vertu aussi, car, jaloux de son indépendance, l'orateur apportera le secours de sa parole aux seules causes
dont sa conscience aura sanctionné le bon droit. Jamais
il ne mettra l'honnête et l'utile en balance, et méritera
ainsi l'éloge que d'Aguesseau faisait d'un avocat de son
temps : « Sa probité reconnue était une des armes les
plus redoutables de son éloquence, et son nom seul était
un préjugé de la justice des causes qu'il défendait » (2).

Travail et vertu, pour notre héros ces deux mots
résument l'idéal ; nous pouvons ajouter : ces deux mots
résument sa vie. Ces deux compagnons fidèles le sou-
tiennent dans les honneurs, le consolent dans l'infor-
tune, et lui permettent de supporter en chrétien résigné
les épreuves diverses dont il nous reste à faire l'histoire.

Lorsque d'Aguesseau devint chancelier, l'avenir
semblait lui réserver des jours de paix. La Cour l'es-
timait ; le Parlement, fier de ses succès, applaudis-
sait à son élévation. Ces heureux débuts devaient peu
durer. Plus clairvoyant que ses concitoyens, le nouvel
élu montra peu d'empressement pour une dignité dont
il redoutait les responsabilités et les dangers : seul
l'intérêt public put triompher de ses répugnances.

Mais l'indépendance du caractère déplaît à tout gou-

(1) 2ᵉ discours, *La Connaissance de l'homme*.
(2) 3ᵉ discours, *De la Décadence de l'éloquence*.

vernement corrompu, cette figure austère faisait tache parmi les intrigants et les débauchés. On s'en aperçut bientôt, quand on tenta le relèvement de nos finances. Pour remédier au déficit du budget, les conseils de l'économie ne furent point écoutés ; un étranger, à l'esprit ingénieux et brillant, prétendit réussir d'une tout autre façon. Le régent fut séduit, Law fonda sa banque et convia la France entière à chercher la fortune dans les hasards du jeu. L'honnêteté du chancelier protesta ; dès lors sa perte fut résolue. Le 28 janvier 1718, sa charge lui fut retirée : « J'ai eu, dit-il, les sceaux sans les avoir mérités, vous me les ôtez sans que je les aie démérités. » S'il y eut fête ce jour-là chez les financiers et les ambitieux, la douleur des vrais Français fut profonde, et la sympathie générale entoura l'exilé.

Pour nous, Messieurs, nous ne plaindrons pas d'Aguesseau, ce serait lui faire injure : une pareille disgrâce est bien plutôt digne d'envie. « A Dieu ne plaise, disait-il lui-même dans sa troisième mercuriale, que nous voulions jamais diminuer le prix de ces grandes actions où l'on a vu de sages, d'intrépides magistrats sacrifier sans balancer leurs plus justes espérances, devenir avec joie les victimes illustres de la droiture et de la probité, et, renonçant aux promesses de la Fortune, se renfermer glorieusement dans le sein de leur vertu. Avouons-le néanmoins, et disons, comme ces grands hommes l'auraient dit eux-mêmes, que ce que les âmes communes regardent comme une illustre mais dure

nécessité pour le magistrat est une rare félicité. Disons-
le hardiment : il est plus honteux de céder à la faveur
qu'il n'est glorieux de lui résister. »

Il vivait retiré à Fresnes, suivant d'un œil attristé les
événements que son départ avait encore précipités, les
luttes du Parlement avec le Pouvoir, l'engouement
maladif et désastreux de la France pour les actions de
Law. Il prévoyait à brève échéance la fin de cet affo-
lement universel : alors ce serait la misère. « On verra
dans quelques années, écrivait-il, que des fortunes si
monstrueuses auront fait beaucoup de pauvres et n'auront pas fait beaucoup de riches. » Trois mois plus
tard, ses craintes étaient réalisées : le papier fut honni,
et les mesures violentes du Pouvoir pour lui conserver
le crédit achevèrent de lui faire perdre toute valeur.
Le système de Law avait vécu.

On crut le raffermir en rassurant la probité publique.
L'Écossais partit pour Fresnes avec le premier gentil-
homme du régent ; ils supplièrent d'Aguesseau de reprendre ses fonctions. S'adressant à sa charité, ils lui
offrirent même cent millions pour les pauvres. Le
chancelier refusa tout. Mais la gravité de la situation
l'émut, il revint à Paris « au milieu de la joie univer-
selle de tous les gens de bien » (1).

Tout n'y est que désordre, crime ou débauche. La
société, atteinte dans ses fondements, oscille et semble
près de s'écrouler. La ruine est partout, le péril

(1) Marais, *Journal.*

extrême, les remèdes sont rares et le succès douteux.
D'Aguesseau comprit bientôt que l'impopularité du
Pouvoir rejaillirait sur lui : cette perspective ne l'arrête
pas, il se sacrifie au bien public. Grâce à lui, la banque-
route peut être évitée, le désastre est aussi conjuré
que possible.

Mais le Parlement ne lui pardonnait pas d'être revenu
sous les auspices de son ennemi, il faisait une opposi-
tion systématique aux réformes les mieux justifiées, et
le chancelier dut se résoudre à sévir contre lui. Du
moins le fit-il avec les plus grands ménagements, ou-
blieux de ses griefs personnels, désireux d'apaiser et de
concilier les esprits.

Cette attitude ferme mais prudente ne plut pas à la
Cour. D'Aguesseau, voyant triompher malgré lui une
politique de rigueur, offre sa démission, on l'accepte,
et seules des influences étrangères peuvent retarder sa
chute, pour bien peu de temps d'ailleurs. Une question
de préséance sert de prétexte à sa disgrâce ; le 1er mars
1722 il rend les sceaux pour la seconde fois. Fatigué de
la lutte, abreuvé d'amertumes, il repart pour Fresnes.
Il y devait rester cinq ans.

Ces jours d'exil furent, nous dit-il lui-même, les plus
beaux de sa vie. Son caractère s'y dévoile tout entier,
honnête et aimable. Sans regrets pour une grandeur
passée, il se repose de ses fatigues au milieu de sa famille et de quelques amis dévoués. Il n'abandonne
pas cependant ses habitudes laborieuses, rédige des
projets de législation, trace un plan d'études pour ses

fils, s'occupe tour à tour, et toujours avec autorité, de
sciences, de lettres, d'agriculture, principalement de
religion.

Aussi les plus grands esprits viennent-ils lui deman-
der conseil. On le consulte pour la révision du calen-
drier anglais. Louis Racine lui soumet ses poèmes *De
la Religion* et *De la Grâce*. Avec un philosophe, il se
fait le défenseur de la raison humaine; avec un phy-
sicien, il commente le système planétaire de Newton et
sa théorie de la lumière. Il écrit un traité des mon-
naies et étonne ses admirateurs eux-mêmes par sa pro-
fondeur de vue dans une matière aussi spéciale. Pour
tous, son intimité est fructueuse. Pour tous, Fresnes
est une école de science, c'est encore et surtout une
école de vertu où l'on apprend à mieux aimer Dieu,
sa patrie et son roi.

Mais pour bien connaître d'Aguesseau, c'est dans la
vie de famille qu'il faut l'étudier. Ses lettres à ses enfants nous montrent en lui un cœur affectueux joint à
une haute intelligence. Il vit de leur vie, se réjouit de
leurs joies, souffre cruellement de leurs peines. Il les
soutient dans la voie du devoir et leur rappelle sans
cesse la nécessité pratique de la religion : « Pour être
véritablement et absolument honnête homme, il faut
être solidement chrétien. » N'ont-ils pas l'exemple de
leur aïeul, dont il fait pour eux l'histoire. Cette œuvre,
Messieurs, nous est parvenue. On se prend, en la
lisant, à les aimer l'un et l'autre : — ce père, magistrat
intègre et chrétien, dont les seules passions furent la

vérité et la justice, — et ce fils, humble et modeste, rapportant à son maître tout l'honneur de sa grande situation, se reprochant de n'avoir pas assez profité des leçons paternelles ; on ne sait auquel donner la préférence. N'était-ce pas là pour les deux jeunes magistrats, fils du chancelier disgracié, un enseignement éloquent et une sauvegarde contre les séductions perfides de l'ambition ?

Ces occupations multiples n'empiétaient pas sur les heures consacrées par d'Aguesseau à la pratique et à l'étude de la religion. Lecteur assidu des livres saints, il en extrait à son usage particulier tout un corps de morale : il y trouve l'inspiration pour sa pensée, l'éclat pour sa parole, il y trouve surtout l'humilité dans le succès, la force et la résignation pour les mauvais jours.

Son exil d'ailleurs va finir. En 1727, le cardinal de Fleury, devenu premier ministre, le rappelle à la chancellerie. Il lui faut quitter la douce tranquillité de Fresnes pour se mêler encore aux luttes et aux orages de la vie publique. L'antagonisme entre le Parlement et le Pouvoir n'avait fait que s'accroître ; seule la patiente habileté, la conciliante sagesse du chancelier pouvait adoucir les haines, rapprocher les belligérants. Il reprit son rôle de médiateur, défendant les droits de la magistrature tout en punissant ses écarts. Cette situation délicate lui attira encore bien des reproches de mollesse et d'indécision. « M. le chancelier, disait le cardinal de Fleury, est certainement très habile et a de grandes lumières, mais, à force d'en avoir, il trouve des difficultés à tout. »

Un succès relatif récompensa cependant ses efforts généreux. Libre de soucis de ce côté, d'Aguesseau reste désormais étranger à la Cour et se renferme dans ses fonctions de ministre de la justice. Sa vigilante attention s'étend à tous ses subordonnés : il entretient avec eux une correspondance suivie, éclaire leurs incertitudes, encourage leurs travaux et récompense leurs efforts. Aussi éloigné d'une sévérité outrée que d'une excessive condescendance, il reste paternel jusque dans le blâme, « sa conscience répugne aux partis et même aux paroles sévères. »

Il peut enfin mettre à exécution son projet, dès longtemps conçu, d'une réforme dans la législation. Son esprit méthodique et droit souffrait à la vue de cette justice « qui avait mille balances et mille poids différents ». Pour lui d'ailleurs, on ne fait pas la loi, elle se fait elle-même : elle est l'expression des besoins de la société et ne peut changer qu'avec ces mêmes besoins. Or il sentait dans la nation cette aspiration vers une législation nouvelle, il satisfit ces désirs, voilà son œuvre ; il apporta dans cette tâche toute sa science et tout son dévouement, voilà sa gloire.

Mais quelle énergie ne lui fallut-il pas pour mener à bien une telle entreprise ? Comme l'a dit un auteur moderne (1), « il y avait beaucoup plus de liberté dans

(1) F. Monnier, *Mémoire sur les ordonnances de d'Aguesseau.*

notre ancienne France qu'on ne le croit communément aujourd'hui, où l'on parle beaucoup plus de liberté qu'on ne l'aime en réalité. » Tenter une réforme générale, c'était se heurter à bien des résistances, c'était courir à un échec assuré. Contre les dispositions défavorables des Parlements et de la Cour, les seules ressources de d'Aguesseau étaient sa volonté tenace et sa haute influence. Il usa donc de patience et de ménagements. Renonçant, non sans regrets, à tout projet d'ensemble, il s'en tint à des améliorations partielles. « Il ne s'agit pas quant à présent, écrit-il à M. de Machault, de faire une loi générale et comme un corps entier de législation ; plût à Dieu qu'il fût aussi aisé d'exécuter un tel ouvrage qu'il l'est de le concevoir et plus encore de le désirer ! »

Je n'ai point l'intention, Messieurs, d'examiner en détail l'œuvre législative de d'Aguesseau. L'un d'entre vous (1) a fait ce travail bien mieux que je n'y saurais prétendre, il montre excellemment tout ce que notre droit moderne doit au grand chancelier. Voyons seulement quelles difficultés il lui fallait vaincre ; étudions la préparation d'une de ses ordonnances. Une énumération rapide nous initiera ensuite aux progrès accomplis.

Défiant de ses propres lumières, d'Aguesseau voulut associer à sa tâche tout ce que la magistrature et le barreau contenaient d'esprits éclairés et de cœurs géné-

_____

(1) L. **Thézard**, *De l'Influence des travaux de Pothier et du chancelier d'Aguesseau sur le droit civil moderne.*

reux : il préparait par là les Parlements à faire bon
accueil à l'œuvre commune. Une commission élabore
sous ses yeux un premier projet sur lequel chaque
Parlement est consulté : il suit leurs délibérations
et stimule de loin leur zèle. Les réponses arrivent, la
commission les contrôle et le chancelier rédige l'ordonnance. Restent encore à obtenir la signature du roi
et l'enregistrement de la loi dans les provinces. Nou-
velles lenteurs, nouveaux retards ! Un projet de dé-
grèvement sur les frais de justice échoue contre la
résistance des gens de finance. L'ordonnance sur les
substitutions est promulguée onze années après son
entier achèvement. Certaines de ces lois ne sont
reconnues par tous les Parlements qu'après l'envoi de
lettres de jussion.

Rien ne décourageait d'Aguesseau. Pour son activité,
chaque réforme obtenue n'était qu'une étape dans la
voie du progrès. Il poursuit son projet avec constance.
Il rend aux mères la succession de leurs enfants ; —
il restreint le nombre des juridictions et précise leur
compétence ; — il réglemente le Conseil du roi ; — les
difficultés relatives aux évocations de juges sont éclair-
cies ; — la procédure du faux n'est plus un dédale de
formalités et de règles obscures ; — enfin, quatre
grandes ordonnances sur les donations, les testaments,
les substitutions et les biens de mainmorte consacrent
sa réputation de législateur. Lente et prudente est sa
marche, mais chaque pas laisse une profonde empreinte.
Tout inachevée qu'elle est, son œuvre mérite la re-

connaissance de la postérité, elle facilite et prépare la codification de 1804.

Au milieu de ses travaux, le chancelier était cruellement éprouvé dans ses plus chères affections : sa femme était morte à Auteuil en 1733 ; avec elle s'éteignaient la joie et le charme de sa vie. La mort, fauchant sans relâche, lui avait, en sept ans, ravi trois de ses enfants. Brisé mais non vaincu par la douleur, d'Aguesseau l'accepta sans murmures, il voulut même continuer à remplir ses fonctions : « Je me dois au public, disait-il, il n'est pas juste qu'il souffre de mes malheurs domestiques. »

Mais son cœur était mort aux choses de ce monde, il se sentait attiré sans cesse vers ces tombes où reposaient tant de chères dépouilles. Le chagrin l'accablait plus encore que les ans. Contraint par la maladie d'interrompre plusieurs fois son travail, il se jugea désormais incapable de s'acquitter de ses devoirs. Il obtint de Louis XV, le 20 novembre 1750, la permission de résigner sa charge. Le roi lui conservait la dignité de garde des sceaux avec cent mille livres de pension.

Il ne devait pas jouir longtemps de ces derniers honneurs. Ayant étudié toute sa vie l'art de bien mourir, il aspirait à la mort : Dieu ne lui fit pas attendre sa récompense. Le 9 février 1751, il s'éteignit doucement entre les bras de sa famille, léguant à ses fils une réputation sans tache, une mémoire honorée de tous. Son désir suprême fut d'être placé à côté de celle qu'il avait tant pleurée. Durant quatre-vingt-trois ans il avait lutté ; il reposait maintenant dans le Seigneur.

Cette mort fut un deuil public, la France comprit l'étendue de sa perte. A l'humble croix qu'avait demandée ce grand chrétien dans le cimetière d'Auteuil, la reconnaissance de tous substitua un monument funéraire, digne témoignage de sympathie et d'admiration rendu à sa mémoire. Le temps a sanctionné la justice de ces sentiments. Aujourd'hui encore, le nom de d'Aguesseau est ceint d'une auréole de gloire, tous les Français lui rendent un hommage mérité.

C'est la récompense, Messieurs, d'une vie consacrée tout entière au bien et au service de la patrie. Avocat général, procureur général, chancelier, si l'on peut discuter l'habileté de sa conduite, nul du moins ne conteste la pureté de ses intentions : il aimait la justice avec l'ardeur d'un saint. Il manquait d'énergie peut-être, de rapidité dans la détermination : c'était là l'excès de cette prudence modeste, inconnue à la médiocrité, qui lui faisait dire : « Quand je songe qu'une décision de chancelier est une loi, il m'est bien permis d'y réfléchir longtemps. »

Jurisconsulte et législateur, c'est une personnalité puissante, il a posé les assises profondes du droit nouveau, il en a popularisé l'enseignement ; il a fait connaître Domat et Bretonnier, il a encouragé Sallé et Furgole, il a légué à la France Pothier.

Comme homme privé enfin, c'est un modèle d'hon-

nêteté affable et de dignité modeste. Ses actions n'ont
pas d'autre mobile que le devoir. Indulgent sans effort,
pardonnant aux outrages, ignorant de l'ambition, gai
d'une gaieté douce et calme fruit d'une conscience pure,
il connut les grandeurs sans en être enivré ; les déboires
de la Fortune ne le purent abattre. Désintéressement,
intégrité de vie, esprit de famille, foi religieuse, le
voilà tout entier.

Il n'était pas de son siècle, il était au-dessus de lui.
Ce fut dans son temps un ornement, une vertu, ce fut
surtout une protestation. Au milieu des adorateurs du
veau d'or ou de la volupté, ses mœurs furent austères,
il dédaigna la richesse, prix du déshonneur ou de la
servitude. A l'astutieuse flatterie des courtisans il
opposa toujours la voix de la raison et de la loyauté.
Au sein d'une génération impie, raillant les croyances
de ses pères, il se fit gloire de sa foi, la mit publique-
ment en pratique.

Rendons hommage, Messieurs, à ce caractère, profi-
tons de ses exemples. Pour quelques-uns d'entre nous
peut-être, l'époque actuelle réserve des jours d'épreuve.
Comme d'Aguesseau, ils conserveront dans la disgrâce
dignité et grandeur. Il inspirera du moins au cœur de
tous le noble désir de reproduire en eux-mêmes les
deux qualités maîtresses qui font sa gloire : indépendance des hommes, dépendance de la vertu et de la
religion.

Poitiers. — Imprimerie Tolmer et Cie. — 1780.

4f

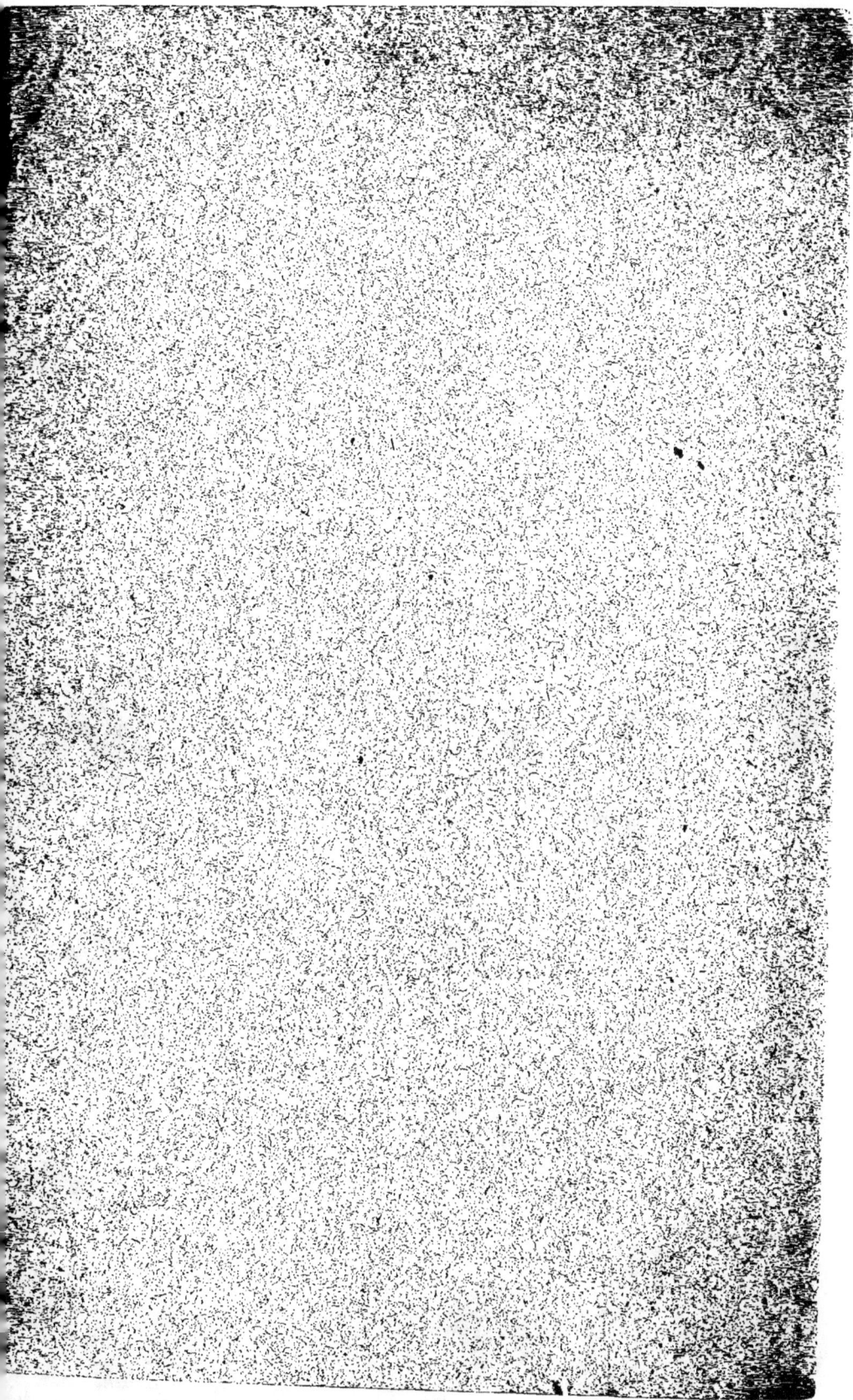

PARIS
Imp. TOLMER et C.
Succursale à Poitiers

www.ingramcontent.com/pod-product-compliance
Lightning Source LLC
Chambersburg PA
CBHW060501210326
41520CB00015B/4050